AF339515

DISCOURS

DU CITOYEN EUG. BERCIER

LA COMMUNE

(STÉNOGRAPHIE REVUE PAR L'ORATEUR)

SE VEND AU PROFIT DES BLESSÉS : 25 CENTIMES

PARIS

AUX BUREAUX DE LA REVUE DES COURS LITTÉRAIRES

(LIBRAIRIE GERMER BAILLIÈRE)

RUE DE L'ÉCOLE-DE-MÉDECINE, 17

1870

LA COMMUNE

Citoyens,

Je reprends devant vous la question des élections municipales, et je suivrai dans cette discussion le même ordre que
les orateurs qui m'ont précédé. Comme eux, je chercherai tout
d'abord quel doit être le rôle de la commune dans la France
républicaine ; puis, quittant cette question de principe, j'abor-
derai en face celle de l'opportunité des élections municipales,
ici, à Paris, dans les conditions extraordinaires où nous sommes
placés.

I

Quel doit être le rôle de la commune dans la France républicaine ? Je n'hésite pas à répondre qu'il doit être immense ;
et, en modifiant sa forme trop absolue, j'appliquerai volon-
tiers à la commune le mot de Sieyès au sujet du tiers état :
« Que doit être la commune ? Presque tout. — Qu'a-t-elle été
jusqu'ici ? Presque rien. — Que veut-elle être ? Quelque
chose. » La commune, mais c'est la molécule constitutive du
corps de la nation ; c'est la première agrégation naturelle,
la seule qui n'ait absolument rien d'artificiel ; c'est la base
même de la société. L'erreur, je ne dis pas assez, l'énorme
faute de tous nos législateurs a été de se préoccuper, avant

tout, d'achever l'édifice social et de le couvrir avant d'en avoir
assuré les fondements. Pourvu que le fronton s'élevât orgueil-
leusement dans les airs, en portant bien haut le drapeau de
la constitution nouvelle, républicaine ou monarchique, ils
ont été satisfaits, et ne se sont pas demandé si les pieds de
l'édifice ne glissaient pas dans une argile mouvante. La constitution sérieuse de la commune eût seule donné à leur œuvre
l'inébranlable base qui lui a toujours manqué jusqu'ici.

Mais pour constituer sérieusement la commune, pour lui
donner le rang et l'importance auxquels elle a droit, bien
des conditions sont requises. Il y aurait à entrer ici dans une
étude pour laquelle nous manquent tout à la fois le temps et
la liberté d'esprit. Ne pouvant le faire, je me borne à vous
indiquer les points sur lesquels devra se porter l'attention du
législateur.

1° Et tout d'abord, pour que la commune soit un corps qui
puisse délibérer sérieusement, il faudra, dans l'immense majorité des cas, l'élargir. La plupart de nos trente-sept mille
communes sont réduites à des proportions si exiguës, qu'elles
subissent fatalement l'influence écrasante de quelques personnalités prépondérantes, et qu'elles ne peuvent, d'un autre
côté, compter un nombre d'hommes assez instruits, assez
intelligents pour constituer un corps municipal sérieux. Élar-
gissez donc la commune dans les campagnes, partout où cela
est possible. Dans les villes, au contraire, où c'est le péril
opposé qui prédomine, où un seul corps nommé par cinquante
ou cent mille électeurs tendra toujours à sortir de sa sphère,
à devenir une espèce d'assemblée législative, — dans les villes,
créez des municipalités d'arrondissement, quitte à confier à
une délégation de ces corps les questions d'un intérêt général
pour la cité.

2° En second lieu, pour assurer l'indépendance de la commune, il faudra poser fermement en principe que le maire
n'est à aucun titre, à aucun degré, sous aucun prétexte,
l'agent du pouvoir central. Son honneur et sa force, c'est
d'être l'élu de ses concitoyens, le mandataire naturel de leurs
intérêts. C'est ce qu'aucune de nos constitutions n'a reconnu
jusqu'ici.

3º Il faut ensuite que la garde nationale, solidement orga-
nisée, partout, jusque dans les plus petits hameaux, dépende
exclusivement des autorités municipales : car ceux-là seulement sont de vrais citoyens qui peuvent à l'occasion défendre
leurs droits par les armes; je n'insiste pas sur ce point. Le
douloureux envahissement de nos provinces me donne assez
raison.

4º Est-ce tout? L'indépendance de la commune sera-t-elle
ainsi suffisamment sauvegardée? Examinons. En province, à
côté de l'influence du préfet, il y a une autre influence plus
puissante dans bien des cas : c'est celle de l'évêque. Cette
influence, je n'ai pas à la caractériser ici, mais j'ai le droit
de rappeler qu'elle est si forte, qu'elle peut, à tel moment
donné, intervenir d'une manière décisive; et, à cause de cela
même, j'ai le droit de demander que, comme toutes les autres
influences, elle rentre désormais dans le droit commun. C'est
pour cela que je réclame la séparation absolue de l'Église et
de l'État. Il est temps que le sentiment religieux, désertant
les régions de la politique qu'il n'aurait jamais dû envahir,
rentre dans son inviolable domaine, qui s'appelle la con-
science individuelle, et ne se produise au dehors que dans les
conditions normales et légitimes de la liberté d'association.
(*Applaudissements prolongés.*)

5º Mais la séparation de l'Église et de l'État entraîne le caractère laïque de l'enseignement donné soit par la commune,
soit par l'État, à tous ses degrés. (*Nouveaux applaudissements.*)
Laissons à la famille l'enseignement religieux, qui est son droit;
respectons également le droit des écoles libres; mais que l'enseignement officiel soit laïque, c'est le seul moyen qu'il ne
blesse personne et qu'il soit franchement accepté de tous. Or,
il faut qu'il se développe dans des proportions immenses.
L'éducation des électeurs, et par conséquent l'avenir de la
république, est à ce prix. Négliger l'instruction, c'est amener
dans un délai rapproché la réaction de toutes les ignorances.

6º Ai-je indiqué tous les éléments nécessaires à la réorga-
nisation de la commune? Je ne le crois pas. Il est un dernier
point sur lequel je dois insister. On nous a dit que la commune devait se renfermer exclusivement et rigoureusement

dans ses attributions municipales. Je comprends le sentiment qui vous dicte cette pensée, ici, à Paris, dans notre situation; non-seulement je le comprends, mais je le partage, et vous le verrez bien tout à l'heure. Mais élevons-nous au-dessus de ces impressions du moment, envisageons l'ensemble de la France et surtout ces populations des campagnes qui forment l'immense majorité de nos compatriotes et qui sont maîtresses du vote, puisque nous sommes sous le régime du suffrage universel. Voici ce qui me préoccupe : il s'agit de savoir si nous voulons faire sérieusement l'éducation politique du suffrage universel, éducation sans laquelle les votes de nos campagnes sont un appât pour tous les partis. Et comment ferez-vous cette éducation, je vous prie, si vous fermez à jamais aux corps municipaux toutes les questions d'intérêt général ? Le paysan, qui, au jour du vote, est aussi souverain que vous, mais qui, pendant tout le reste de sa vie, n'a à sa disposition aucun journal, aucune réunion publique, aucun moyen quelconque de faire entendre son opinion, comment intervient-il dans les destinées du pays auquel il donne le fruit de ses sueurs et le sang de ses enfants ? Tous les cinq ou six ans, il voit passer devant lui un candidat qui vient lui débiter un boniment électoral, puis il vote, et c'est tout. Je crois qu'il a droit à plus que cela; je crois que les questions d'un intérêt général doivent pouvoir être soumises, dans l'occasion, à toutes les communes, non pour réclamer leurs votes, ce qui serait prématuré, mais au moins pour obtenir leurs vœux; je crois que les conseils municipaux aborderaient ces questions à leur point de vue, un peu étroit, je le veux, un peu intéressé, mais plus sensé que vous ne le pensez ; je crois enfin que c'est dans de telles délibérations que se ferait l'éducation politique du suffrage universel sans laquelle il faudrait désespérer de l'avenir de la liberté. La question est neuve, je le sais ; elle étonne beaucoup d'esprits, mais je les supplie d'y réfléchir, et de ne pas fermer brusquement une porte qui, à mon sens, doit rester ouverte.

Or, ces droits des conseils municipaux, dont quelques-uns nous paraissent si élémentaires, jamais ils n'ont été sérieusement reconnus en France; jamais l'indépendance de la commune n'a existé autrement que sur le papier. On vous parlait spirituellement, l'autre jour, de la manière dont Paris avait toujours traité la France; de cette province qui s'éveillait un beau matin républicaine ou monarchique sans savoir ni pourquoi ni comment; on vous montrait ces salles de justice de paix sur les murailles desquelles on distingue, en plusieurs couches superposées, le bonnet phrygien, le coq, l'aigle et toutes les légendes des régimes qui se sont succédé. Tout cela, c'est la vérité même. Mais avez-vous réfléchi à la manière dont Paris a toujours administré la province? Pour moi, je la caractériserai d'un seul mot : la province a toujours été gouvernée comme un pays conquis, et cela sous tous les régimes. (*Applaudissements.*) Qu'est-ce que nos fonctionnaires dans la plupart des cas? Une nuée d'oiseaux de passage venant des quatre vents des cieux s'abattre sur quelque coin de France, et toujours prêts à repartir au premier signal, au premier appel de ce charmeur d'oiseaux qui s'appelle le ministre, à repartir, entendez bien, pour un gîte meilleur, et surtout pour ce gîte par excellence qui s'appelle Paris. (*Rires et applaudissements.*) C'est une réunion de voyageurs qui viennent s'asseoir quelque temps à une table d'hôte de province, en attendant le départ du train, et qui se lèvent souvent pour savoir si l'on n'entend pas le sifflement de la locomotive qui doit les emporter sur un théâtre plus digne de leurs capacités; c'est une espèce de colonie diplomatique entretenant avec les naturels du lieu des relations de service ou de plaisir. M. le sous-préfet donne un dîner ou un bal, où madame n'est pas fâchée de montrer à ces pauvres provinciales les dernières modes de Paris : voilà pour la représentation d'étiquette, et, en particulier, on s'épanche dans le cœur de ses invités. M. le sous-préfet donne à entendre qu'il est puissamment appuyé au ministère, et que les postes les plus élevés lui seront bientôt offerts. Madame parle beaucoup de quelque cousin chambellan de l'empereur ou de l'impératrice, et de la protection duquel elle est assurée. Chaque hiver, elle se rend à Paris pour plaider la cause sainte de l'avancement de son époux; on ne peut pas d'ailleurs s'enterrer vivant dans ce petit trou de province; tant de capacités ou tant de grâce ne peuvent pas s'étioler toujours. C'est ainsi qu'on ouvre son cœur aux bonnes gens de province; c'est ainsi que, sous une forme ou sous l'autre, on leur donne clairement à entendre que leur société c'est l'ennui même, et que la première chose qu'on éprouve en entrant dans leur ville, c'est le besoin d'en sortir. (*Rires prolongés et applaudissements.*)

Vous jugez, citoyens, si les provinciaux sont flattés d'être traités de la sorte; mais comme après tout ils sont gens malins, ils tirent de ces faits des conséquences très-logiques et qui ne doivent pas nous étonner.

Les uns se laissent gagner par l'exemple. « Après tout, se disent-ils, c'est de Paris que tout arrive, places, avancement, dignités. A quoi sert d'user sa vie dans le vain espoir d'exercer sur ses concitoyens une influence que l'écrasante protection du pouvoir assure au premier délégué de la capitale? Pourquoi demander à l'opinion, au dévouement assidu à la chose publique, une autorité que la faveur d'en haut assure du premier coup? Allons à Paris; cherchons-y des appuis; une fois le pied dans l'étrier, tout nous sera facile. » C'est ainsi que se forme la foule immense et formidable des solliciteurs. Ah! messieurs, quand les lignes de chemins de fer seront de nouveau ouvertes, je veux bien espérer que le premier moment sera donné aux embrassements de famille; et cependant je ne serais pas surpris que le train des solliciteurs arrivât le premier en gare. (*Rires.*) Je les vois s'abattant sur nous de tous les coins de l'horizon, et la république nouvelle s'écriera, à leur approche, comme la Jérusalem de Racine, mais avec un autre accent que le sien :

> D'où me viennent de tous côtés
> Ces enfants qu'en mon sein je n'avais point portés ?

Je les entends, citoyens, crier à pleins poumons : « Vive la république! » affirmer que depuis longtemps ils étaient républicains dans l'âme, et jurer qu'ils se rendaient auprès de nous, au commencement du siége, pour partager nos périls, mais que l'investissement subit de Paris leur a fermé la route. (*Rires et applaudissements.*)

Après les solliciteurs, il y a les mécontents, qui ont eu

maille à partir avec leur préfet, leur maire, ou avec leur **garde** champêtre... Or, vous savez, messieurs, que du garde champêtre au ministre, tout se tient, tout forme un corps compacte dans la hiérarchie administrative. Vous êtes en lutte avec un fonctionnaire, c'est au conseil d'État qu'il faut vous adresser. Toujours Paris ! Étonnez-vous donc que, de tous les points de la France, ce soit contre le gouvernement que se dirigent toutes les plaintes et tous les griefs ! Étonnez-vous que le mauvais esprit révolutionnaire soit toujours en permanence ! Étonnez-vous du manque permanent de stabilité dans toutes nos institutions ! Il est plus facile de renverser le gouvernement même que tel fonctionnaire obscur ; et notre belle unité, en voulant tout sauver, met à chaque instant tout en question.

Après les solliciteurs et les mécontents, il y a en province les gens qui regardent faire et qui ne disent rien..... Soyez sûrs qu'ils n'en pensent pas moins. Les propriétaires de petite ville, assis sur leurs sacs d'écus, voient d'un œil narquois passer devant eux les fonctionnaires qui se succèdent et se ressemblent ; ils les voient louvoyer habilement entre l'évêque et le préfet, et s'arranger de manière à pouvoir toujours faire une figure décente aux prochains *Te Deum* que l'avenir leur réserve. Nos campagnards, nos bourgeois, font leurs réflexions ; ils se disent qu'après tout Paris les berne, et, dans leur esprit, après chacun de nos changements de régime, s'amassent des rancunes, des colères qui, sous les mains de meneurs habiles, produisent la *réaction*, la réaction fatale, irrésistible, qui défait bientôt l'œuvre de Paris. Ainsi, révolution à Paris, réaction en province : voilà notre histoire depuis un siècle, voilà le refrain monotone que va répétant le balancier de la France.

Il faut en finir avec tout cela, citoyens. Il faut faire cesser cette lutte où la France va épuisant ses forces. Il faut faire refluer sur tous les points du territoire cette vie politique qui, en se portant au cœur, y produit la pléthore ; il faut créer partout des centres indépendants où le pays tout entier apprenne à gérer ses affaires. C'est dire qu'il faut surtout reconstituer les communes, qui seules donneront à nos institutions politiques la consistance qui leur manque. Et ici laissez-moi vous rappeler un fait dont nous sommes les témoins tous les jours. Vous avez tous admiré cette jeune garde mobile que la province a envoyée dans nos murs. Tout inexpérimentée qu'elle est, il est un caractère qu'elle possède à un étonnant degré, c'est la solidité. Plusieurs officiers m'ont dit qu'en six semaines cette troupe avait acquis plus de solidité que les soldats de ligne en six mois. Et d'où vient ce phénomène ? D'un fait très-simple. Les gardes mobiles ne sont pas des individus rassemblés de tous les coins de la France, sans se connaître, jetés dans un cadre, juxtaposés plutôt que réunis : ce sont, remarquez-le, les mobiles de l'Aube, de la Côte-d'Or, de la Vendée ; les hommes d'un même canton sont dans la même compagnie ; ils se connaissent tous : entre eux il y a une étroite solidarité. Si l'un d'eux commet une lâcheté, il sait que dans son village son nom sera flétri ; s'il accomplit, au contraire, une action d'éclat, elle y sera partout répétée. Ne sentez-vous pas qu'il y a là une force morale immense, dont nous avions eu le tort de faire fi jusqu'ici dans la composition de notre armée....? Eh bien ! cet exemple est le meilleur argument à l'appui de ma thèse. La garde mobile de province, c'est la commune armée pour la défense du pays. (*Applaudissements.*)

Vous applaudissez, messieurs, aux idées que j'exprime ici. Mais ne vous y trompez pas, elles sont loin d'être encore acceptées ; la reconstitution de la commune en France est une œuvre des plus difficiles et qui ne pourra être faite que grâce à une persévérance indomptable. Songez-y bien. Vous aurez, pour l'accomplir, à lutter contre le courant de notre histoire nationale tout entière. Qu'est-ce que l'histoire de France, si ce n'est l'État envahissant de plus en plus tous les domaines, transformant de plus en plus les circonscriptions municipales en circonscriptions administratives, et les magistrats des communes en agents du pouvoir central ? Qu'est-ce que notre histoire, si ce n'est l'envahissement progressif, fatal, irrésistible de la centralisation dans toutes les régions de la vie publique ? Il faudra donc combattre toutes nos habitudes, et remonter un courant séculaire et d'autant plus puissant qu'il tombe de plus haut et qu'il vient de plus loin.

Ajoutez à ce penchant naturel une autre disposition de notre caractère, qui a toujours été funeste aux droits des minorités. C'est la raillerie qui s'attaque de préférence à tout ce qui n'a pas de prestige, à tout ce qui est petit et vulgaire. Représentez-vous le maire d'une pauvre commune de campagne se dressant vis-à-vis du pouvoir et revendiquant naïvement ses droits. Quel immense éclat de rire l'accueillerait! Oui, nous sommes ainsi faits que nous distinguons entre les grands et les petits droits, la grande et la petite justice, la grande et la petite morale. Or, tout cela est sophistique.... Il n'y a pas de grands et de petits droits..... il y a une seule et sainte chose qui s'appelle le droit, la justice et la morale, et quand cette chose a pour représentant le plus humble magistrat de la plus insignifiante bourgade, elle doit être sacrée à nos yeux. Quoi! ce maire de village résistera, il aura la naïveté de se prendre au sérieux! Et pourquoi pas? Est-ce que la possibilité de la résistance n'est pas un élément essentiel de la liberté? Ah! laissez-moi le dire avec une amère tristesse..... si nos conseils municipaux de province avaient su mieux résister au pouvoir, ils sauraient mieux à cette heure résister à l'étranger. Si, au lieu de puiser leurs inspirations dans les antichambres des préfets et de se faire les serviles exécuteurs des circulaires des ministres, les maires avaient été les mandataires et les interprètes de la volonté nationale, si le peuple avait parlé par leur bouche, nous n'aurions pas eu le navrant spectacle de provinces immenses subissant servilement l'invasion et ne lui opposant ni un homme ni un fusil. (*Vive approbation.*)

Il y a enfin chez nous tous une disposition naturelle à n'accepter de la liberté que les avantages et à en rejeter les charges. Rien n'est plus funeste à l'établissement de la vie communale, qui exige une somme considérable de dévouements obscurs et d'activité sans gloriole; c'est à ces conditions seulement qu'elle s'exerce. Or, nous nous soucions peu des responsabilités que la liberté impose à quiconque ne veut pas laisser l'État faire tout à sa place. Voyez, par exemple, quelle répugnance nous a toujours inspirée l'idée d'établir le jury en matière civile, qui fonctionne depuis longtemps en

Angleterre, en Amérique, et qui est une excellente école ouverte à tous les citoyens. Nous aimons à penser surtout à ce
dont la liberté nous dispense, nous oublions ce à quoi elle
nous oblige. Aussi je bénis Dieu pour ma part de ce que la
république, naissant à cette heure d'extrême péril, nous a
parlé de nos devoirs avant de nous parler de nos droits; c'est
ainsi, c'est par les sacrifices qu'elle nous demande, que nous
serons préparés à pratiquer virilement les mœurs de la
liberté.

Préparons-nous donc à lutter contre nous-mêmes, contre
nos habitudes invétérées, si nous voulons fonder la liberté
française, non plus sur des constitutions de papier, mais sur
ces inébranlables assises qui s'appellent l'indépendance du
foyer domestique et de la commune. Il me revient ici à la mé-
moire la parole d'un grand orateur défendant dans le Parle-
ment d'Angleterre la même cause que je plaide devant vous :
« La maison d'un citoyen anglais, disait-il, peut être une
pauvre masure faite d'argile et de chaume. Ses murailles peuvent être lézardées, son toit peut être délabré. Le vent peut y
entrer, l'orage peut y entrer, la pluie peut y entrer, mais le
roi d'Angleterre n'ose pas y entrer ; tout son pouvoir, si formidable qu'il soit, vient expirer sur le seuil de cette humble
chaumière. » Réalisons cette admirable parole ; fondons la
liberté sur la base sacrée des droits de la commune et de
l'individu, et nous assurerons à jamais l'avenir de la république. (*Longs applaudissements.*)

II

Et maintenant, citoyens, laissant cette question de principe, j'en viens directement à celle de l'opportunité des élections municipales de Paris ; et avec la même franchise dont
j'ai fait preuve en réclamant les droits de la commune, je
me prononce résolûment contre cette opportunité.

On l'a défendue à cette tribune de deux manières diffé-
rentes : les uns vous ont dit qu'un conseil municipal élu ap-
porterait au gouvernement de la défense nationale un concours utile, qu'il ne lui susciterait aucune difficulté ; les

autres vous ont déclaré nettement qu'ils demandaient l'élection de la commune pour supplanter le gouvernement.

Lesquels étaient logiques ? Je n'hésite pas à répondre : les derniers. Ils soutenaient, en effet, cette thèse dans les journaux d'opposition qui les premiers ont posé la question. Que nous disent ces journaux depuis que nous sommes investis? qu'il faut nommer la commune. Et quels arguments apportent-ils à l'appui de leur assertion ? la faiblesse, l'insuffisance, l'incapacité du gouvernement. Le gouvernement conduit mal les opérations militaires, disent-ils chaque matin, donc nommons la commune ; le gouvernement n'entend rien aux questions d'armement, donc nommons la commune ; la province est morte, il faut la réveiller par des commissaires extraordinaires, donc nommons la commune. Il est impossible d'avouer plus nettement qu'on prétend renouveler le gouvernement. Qui soutiendrait, en effet, que les questions d'armement et de stratégie, ou que le réveil de l'esprit public en province, rentrent dans les attributions municipales ?

On veut donc nous donner un gouvernement nouveau. Je dis que les partisans des élections immédiates qui reculeraient devant un tel but y seront forcément conduits par les circonstances. Mettons-nous en face de la réalité. Vous avez nommé un conseil municipal qui sera, pensez-vous, un appui pour le gouvernement ; vous y aurez appelé des hommes éminents ; des journaux modérés vous ont indiqué déjà des penseurs tels que Victor Hugo et Louis Blanc, c'est-à-dire des hommes que vous n'enfermerez pas dans des questions de voirie, d'égouts et d'octrois. Voici donc cent vingt hommes réunis chaque jour en présence d'un public nombreux. Comment voulez-vous que toutes les questions qui nous préoccupent ne leur soient pas soumises ? Comment voulez-vous que tous les actes du gouvernement ne deviennent pas l'objet de leur anxieuse étude ? Comment voulez-vous qu'ils ne les critiquent pas, et que, sur une foule de points, un conflit n'éclate pas entre eux et les ministres ? Les questions mêmes qu'ils auront à aborder sont complexes : c'est l'alimentation de la ville, mais cette ville est pleine de troupes dépendant de l'état-major ; c'est l'organisation de la garde nationale, qui dépend des mairies, mais qui doit concourir aux plans du général en chef. Partout des matières à conflits. Ces conflits, comment seront-ils tranchés ? Si le ministre est en désaccord avec la commune, comment pourra-t-il rester au pouvoir un jour, une heure de plus ? Où serait son appui ? (*De tous les côtés : C'est évident !*) Dès lors le gouvernement tout entier peut être renversé, remplacé par un autre. Mais, prenez-y garde : ce gouvernement de la défense nationale, il n'est pas composé des premiers venus ; il a été formellement reconnu par la province, et ses délégués sont à Tours ; c'est, comme on vous l'a dit éloquemment ici même, un otage que la France vous a confié, un dépôt dont vous devez lui rendre compte. Qui oserait répondre de ce que ferait la France le jour où elle apprendrait que ce gouvernement n'est plus ?

Vous l'aurez renversé, mais quels hommes aurez-vous mis à sa place ? Où sont vos foudres de guerre (*Sourires*)? où sont les éminentes capacités dont vous disposez pour nous tirer de notre situation terrible ? Nommez-nous donc des hommes que la voix publique désigne clairement. Pour moi, je les cherche en vain, et nulle part je n'aperçois ces talents éclatants qui s'imposent et qu'il serait coupable de laisser dans l'ombre.

A défaut de ces talents que je ne connais pas, votre commune aura-t-elle au moins l'unité de direction, sans laquelle il ne peut y avoir que faiblesse dans l'action ? Il y aura dans son sein une majorité et une minorité. Celle-ci renfermera les esprits ardents. On disait ici, l'autre jour, que les électeurs, en appelant au sein de la commune les hommes de l'opposition ardente, les calmerait en leur donnant ainsi un moyen légal de faire triompher leurs vues. C'est se bercer de trop complaisantes illusions. Il y a des personnalités aigries qui ne désarment jamais. Partout elles feront de l'opposition, partout elles verront en qui n'est pas de leur avis un ennemi public. Quoi ! ces écrivains acrimonieux qui n'ont pas craint d'insulter Jules Favre au jour où il a accompli l'acte le plus grand de sa vie (*Applaudissements prolongés*), vous croyez qu'ils respecteront les décisions de la majorité de la commune; vous croyez qu'ils hésiteront à l'appeler réactionnaire, orléaniste et vendue ? Vous n'aurez donc apaisé personne, et

vous aurez peut-être tué toute direction, toute entente. En
effet, dans ces jours où chaque minute a une valeur immense,
vous aurez créé partout l'incertitude ; il n'y aura pas un
homme dont vous ne pourrez vous demander si un vote ne
le renversera pas demain. Quel plan pourra être suivi avec
ensemble ? Quel projet lentement mûri et dissimulé à l'ennemi ? C'est à peine si l'on saura qui gouverne, et vous pla-
cerez tous ceux qui combattent dans la plus poignante incertitude, celle où se trouve un homme qui ne sait à qui obéir.
(*Plusieurs voix : C'est évident !*) Dès lors, en énervant la défense, vous aurez livré Paris à l'ennemi. Voilà ce que le
peuple de cette ville a merveilleusement prévu ; voilà ce que
le 8 octobre dernier il n'a pas voulu laisser accomplir, et, ce
jour-là, je le dis avec une conviction profonde, vous avez
remporté contre la politique de M. de Bismark votre seconde
grande victoire ; la première, ai-je besoin de la nommer,
c'est notre immortelle journée du 4 septembre. (*Applaudissements.*)

Est-ce à dire qu'en conseillant de laisser le gouvernement
à sa place, j'en conclus qu'il soit infaillible ? Non, certes, et
moi aussi, si c'en était le moment, j'exprimerais librement
contre lui mes griefs ; moi aussi je lui aurais souhaité plus d'é-
nergie, plus de confiance dans la population, plus de virilité
dans l'action. Toutefois ces critiques, qui sont aisées, reposent
peut-être sur mon ignorance de la situation. Peut-être les faits
prouveront-ils que l'action, sans être brillante, a été éner-
gique et suivie ; peut-être sommes-nous destinés à une délivrance qui n'aura rien d'éclatant, mais qui n'en sera pas moins
sûre. J'avoue que par moments ma confiance a été troublée,
et que, comme plusieurs de vous sans doute, je me suis écrié :
« Que n'avons-nous un homme de génie ! »

Un homme de génie ! Mais je me suis rappelé une parole
du plus grand républicain de ce siècle, d'Abraham Lincoln.
C'était au plus fort de la dernière guerre américaine ; les
destinées de la république semblaient à jamais compromises.
Un diplomate anglais dit un jour à Lincoln : « Quel dommage
pour vous de n'avoir pas un général de génie ! — Que voulez-
vous, répondit le président, Dieu, jusqu'à présent, nous a

épargné cette calamité ! » Parole profonde, messieurs, car les hommes de génie sont dangereux pour les républiques naissantes. Ah ! si la France doit être sauvée, et elle le sera, n'en doutons pas, j'aime mieux que ce soit par la vertu de tous que par le génie d'un seul. (*Bravos et longs applaudissements.*) On nous dit que nous n'avons pas de grand homme, savez-vous la conséquence que j'en tire ? C'est que nous devons tous être grands, grands par le cœur, de cette grandeur morale qui est la meilleure force des peuples. Puisque nous n'avons pas l'un de ces sauveurs providentiels auxquels on est tenté d'offrir la dictature le lendemain de leur triomphe, jurons tous de sauver la France. (*Applaudissements.*)

En réclamant les élections municipales, les orateurs que je combats se sont plu à nous rappeler ce qu'ils ont appelé les grands souvenirs de la commune insurrectionnelle de 1792. Ils n'ont fait que répéter à cette tribune le langage de certains journaux qui nous présentent sans cesse cette commune comme un grand exemple à suivre. Eh bien, dussé-je blesser au vif leurs sentiments d'admiration, je leur dirai nettement qu'il y a des fétiches que je suis prêt à briser, et des légendes qui ont fait leur temps. Non, je n'admire pas la commune de 1792, et cela pour deux raisons : d'abord elle a été insurrectionnelle. Insurrectionnelle, et contre qui? Ah ! citoyens, quand il s'agit de combattre le despotisme, l'insurrection est toujours légitime; mais ici on s'insurgeait contre la souveraineté nationale, contre une municipalité légalement élue (1); on commettait le premier de ces attentats qui

---

(1) Qu'on lise les procès-verbaux des sections qui se sont réunies dans la nuit du 9 au 10 août pour créer la commune insurrectionnelle, qu'on remarque par quels moyens frauduleux les votes ont été recueillis, et quel double rôle a joué dans ces circonstances ce Pétion que l'on veut nous faire admirer. Les moyens employés ont été tels, que dans le rapport historique présenté à la Convention sur la formation de la commune, on a dû sciemment altérer les faits et falsifier les procès-verbaux. Et c'est parce que nous n'avons pas deux morales, c'est parce que notre admiration de la France de 1792 ne va pas jusqu'à excuser de pareilles duplicités, c'est parce que nous croyons que la critique historique doit distinguer entre les grandeurs et les crimes, c'est à cause de cela qu'on nous accuse de flétrir les hommes de 1792 !

ont créé en France le mépris de la loi et l'admiration des vio-
lences heureuses, on commettait le premier de ces coups
d'État dont le 2 décembre a été le dernier. Eh bien, si vous
admirez cela, c'est votre affaire; mais pour moi, je crois qu'il
faut renoncer à fonder la république et la liberté dans ce
pays tant qu'on s'y jouera de la souveraineté de la nation,
tant que les assemblées légalement élues seront à la merci
d'une poignée de factieux. (*Très-bien! très-bien!*)

J'ai, pour ne pas admirer la commune insurréctionnelle,
un autre motif, c'est que c'est elle qui la première a inauguré
la Terreur en France. Or, je disais il y a un instant que j'étais
résolu à briser tous les fétiches, à repousser tous les men-
songes. Il y a une assertion très-populaire qu'on va répétant partout au sein du peuple, avec laquelle il faut en finir,
c'est que c'est la Terreur qui a sauvé la France. Non, cela n'est
pas vrai! Il faut bien que vous conveniez que la Terreur n'a
pas sauvé la république, car elle l'a laissée mourante et
trahie. Lisez les rapports de Barrère et de Saint-Just venant
solliciter à la tribune de la Convention des lois de proscription
nouvelle. Que disent-ils, que répètent-ils à chaque page ? C'est
que la république va périr, c'est que la trahison est partout,
c'est qu'on doit sévir, et ils en concluent qu'il faut saigner la
France. Ils la saignent donc, et rien ne les arrête. En vain les
républicains les plus sincères leur jettent un cri d'alarme...
On ne les écoute pas. En vain Camille Desmoulins adresse à
Robespierre ces mots suppliants : « O mon cher Robespierre,
ô mon vieux camarade de collége, laisse parler ton cœur! »
Robespierre envoie Camille sous le couteau de la guillotine.

Ils saignent donc la France, et quand elle leur échappe
agonisante, exténuée, c'est pour tomber sous le talon de Bo-
naparte. (*Sensation et longs applaudissements.*) On me dira que
la Terreur a sauvé du moins le territoire national. Est-ce bien
vrai ? Est-ce que Valmy, est-ce que Jemmapes ne sont pas an-
térieurs à la Terreur ? Est-ce que d'autres victoires, tout aussi
nécessaires pour sauver notre sol, est-ce qu'Arcole, Rivoli,
Zurich, Hohenlinden, Marengo, ne lui sont pas postérieurs?
Est-ce que dans ces immortelles journées nos soldats ont eu
besoin du concours de l'échafaud pour vaincre? Et ces jeunes

généraux eux-mêmes, contemporains de la Terreur, et dont les succès à la frontière consolent nos regards des excès et des massacres de la place publique, ces Hoche, ces Marceau, croyez-vous qu'en vainquant ils obéissaient à la terreur, qui n'est, après tout, que la peur élevée à la plus haute puissance ? Croyez-vous que s'ils triomphaient, c'est parce qu'un commissaire dont l'œil soupçonneux ne les quittait pas leur avait dit : « Vous vaincrez, ou l'échafaud vous attend ? » Non, vous les calomniez ; ce qui les inspirait alors, ce qui soutenait leurs âmes héroïques, ce n'était pas la terreur, c'était l'enthousiasme sacré de la liberté renaissante. (*Applaudissements prolongés.*)

Finissons-en donc avec des traditions de mensonge ; cessons de parler de rigueurs salutaires et de salut public ; prenons garde de fournir ainsi des armes aux apologistes des Philippe II et de l'inquisition. Ce n'est pas dans la suspicion, la violence et le sang que pourront jamais se fonder la justice et la liberté. A toutes les légendes trompeuses laissez-moi, messieurs, opposer de l'histoire. Il y a huit ans, la plus grande république des temps modernes semblait sur le point de sombrer dans une effroyable tempête. Une insurrection formidable l'avait presque anéantie. Ah ! si jamais homme, si jamais chef d'État eût été justifié d'invoquer des raisons de salut public pour suspendre les lois, pour faire appel à la terreur, c'était bien Abraham Lincoln, car, en [arrivant au pouvoir, il rencontrait la trahison partout. Le présiden t auquel il succédait avait livré aux esclavagistes du Sud les arsenaux de la république, les cadres de l'armée, ses flottes, et presque toutes ses ressources. La majorité des agents du pouvoir exécutif étaient suspects. L'anarchie, la discorde régnaient partout. Chaque matin, des centaines de journaux lançaient au nouveau pouvoir l'outrage et le mépris ; ils jetaient le ridicule sur ses plans, le taxaient de faiblesse et d'imbécillité, et répandaient partout la défiance en exaltant les talents et les ressources de l'insurrection.

Que faisaient cependant les nations étrangères? La France impériale, reniant les souvenirs glorieux du xviiie siècle, tendait secrètement la main aux esclavagistes du Sud, et en créant l'empire du Mexique conspirait avec eux pour le renversement de cette république américaine dont le pur éclat l'offusquait. L'Angleterre assistait impassible et cynique à ce qu'elle croyait être l'effondrement des États-Unis, comme elle assiste aujourd'hui impassible et cynique à ce qu'elle croit être, mais à ce qui ne sera pas la mort de la France. (*Bravos et applaudissements.*) Jamais pays ne sembla plus menacé que l'Amérique d'alors, jamais gouvernement ne fut l'objet de pareilles attaques. Et cependant Lincoln laissait la tempête se déchaîner contre lui. Aux objurgations, aux provocations, aux menaces, aux insultes, il répondait par le calme et la sérénité, montrant ainsi que la vraie force n'est pas dans la violence, qui est toujours facile, mais dans la possession de soi-même, qui est la plus haute victoire ; et quand le triomphe vint couronner son admirable persévérance, il put se rendre le témoignage de n'avoir pas suspendu un seul droit, de n'avoir pas commis un acte d'usurpation ou de vengeance, de n'avoir pas voilé un jour, une heure, la figure de la Liberté. Aussi savez-vous ce qui en est résulté? C'est qu'aujourd'hui la grande république américaine est là, devant nous, de l'autre côté de l'Océan, comme un phare dont la lumière resplendissante éclaire la sombre nuit que nous traversons. Ne l'entendez-vous pas? Elle crie à la France : « Lève-toi, jeune république française! lève-toi de ton berceau plein de sang et de larmes! lève-toi pour grandir, non plus par la terreur, mais par la justice et le respect de l'humanité ! Et alors, debout comme deux sœurs immortelles, toi sur l'ancien monde et moi sur le nouveau, nous verrons passer devant nous et s'abîmer dans le mépris de l'histoire tous les despotismes d'un jour, tous les régimes qui n'ont d'autre base que la force des baïonnettes et le droit divin des rois. » (*Applaudissements prolongés.*)

On a invoqué, citoyens, à l'appui de la nomination immédiate de la commune, un dernier argument qui m'a étonné, je dirai plus, attristé, et que je ne m'attendais pas à voir produire à cette tribune. On a dit : « Il faut que Paris nomme sa commune républicaine, afin de pouvoir fonder la république avant que la province puisse être consultée, car la province

nous est *suspecte*, et nous ne savons pas dans quel sens elle
votera. » Il était impossible de donner plus clairement à entendre qu'on prétend disposer des destinées de la France sans
daigner même lui demander son avis. Eh bien ! je dirai, moi,
à ceux qui n'ont pas craint de tenir ici ce langage, d'être logiques et d'aller jusqu'au bout. Vous prétendez disposer de
la province sans la consulter ; faites mieux, dites-lui dès aujourd'hui, en face de l'étranger qui nous étreint, que vous
n'avez pas besoin d'elle. Dites à cette Bretagne héroïque, dans
laquelle palpite l'âme de la vieille France, à cette Bretagne
qui a déjà envoyé dans nos murs vingt mille de ses enfants,
dites-lui de rester dans ses foyers ; dites à l'Alsace et à la Lor-
raine que vous n'avez pas besoin des sublimes exemples que
nous donnent Strasbourg, Phalsbourg, Toul et Metz. Mais non,
vous n'oserez pas le dire, parce que votre cœur bat comme
le nôtre et que votre patriotisme confond votre système.
Citoyens, nous attendons tous l'heure de la délivrance ; nous
attendons le jour où l'artillerie de nos armées de secours
répondra dans les plaines qui entourent Paris à l'artillerie de
nos remparts, où l'aigle noire et sinistre de la Prusse fera
place sur nos collines au drapeau tricolore, où la trompette
prussienne se taira pour laisser entendre le clairon de la
France jetant aux échos de Paris le son joyeux de la délivrance. Eh bien ! à cette heure suprême, oserez-vous, ô mes
adversaires, oserez-vous arrêter sur le seuil de notre cité les
généraux vainqueurs, et leur dire : « Reculez, vous nous êtes
suspects ! Nous nous sommes défiés de vos sentiments, et sans
vous consulter nous avons décidé des destinées de la patrie.
Voici nos conditions : si vous les acceptez, vous êtes les bien-
venus ; sinon, la république vous repousse. » Non ! ce langage
odieux, vous n'oserez pas le tenir alors. Pourquoi donc n'avez-
vous pas craint de le tenir aujourd'hui, pourquoi n'avez-vous
pas craint de jeter en pâture à la suspicion publique les
noms des capitaines qui se lèvent partout pour sauver la
France ?

Pour moi, je ne suis pas inquiet pour l'avenir de la république, je ne partage pas vos anxiétés, et savez-vous pourquoi ? Ces soldats, ces généraux dont je ne veux pas répéter

les noms, vous nous avez dit qu'ils étaient, les uns légiti-
mistes, les autres orléanistes, les autres bonapartistes (car il
paraît qu'après Sedan il y a encore des bonapartistes en France).
(*On rit.*) Mais n'avez-vous pas compris qu'aucun de ces dra-
peaux, à supposer qu'ils les veuillent arborer (ce que j'ignore),
n'est assez grand pour abriter la France, non pas même le
drapeau rouge, dont vous n'avez rien dit, et qu'on a pourtant
dressé quelque part ? Il y a un seul drapeau assez vaste pour
couvrir de ses plis tous les enfants de la France, c'est le drapeau de la république. Vous me dites que ces hommes vien-
dront s'y ranger avec des arrière-pensées. Cela peut être. On
ne devient pas républicain en un jour. Mais savez-vous,
et c'est mon dernier mot, ce qui pourrait leur rendre la
république à jamais odieuse ? Ce serait de la voir retourner à
ses anciens et cruels errements; ce serait de voir Paris écraser
de nouveau la France, diviser les citoyens en catégories, et
rétablir en 1870 une loi des suspects. Non, ce n'est pas ainsi
que j'ai rêvé la France républicaine; je l'ai vue sous les traits
non d'une marâtre, mais d'une mère se levant, souveraine
et grande, et disant : « Laissez venir à moi tous mes enfants !
Qu'ils viennent, car tous ils ont souffert, car leur sang a
coulé pour ma cause. » O vous qui voulez faire triompher la
république, commencez donc par la faire aimer; ne lui prêtez
pas vos rancunes et vos passions sectaires, et retenez ce mot
de l'immortel ennemi de toutes les intolérances :

Fais-nous ton Dieu plus grand, si tu veux qu'on y croie !

(*Applaudissements prolongés.*)

L'assemblée vote à l'unanimité l'impression de ce discours.

Paris. — Imprimerie de E. MARTINET, rue Mignon, 2. — [99]